AF259559

DU PAIN, DU PAIN,

ET MOYEN D'EN AVOIR.

LETTRE

SUR LA SUBSISTANCE

ET

SUR LES IMPOSITIONS ET FINANCES.

L. J. BOURDON, ancien fonctionnaire public dans l'administration générale des finances, l'un des administrateurs des subsistances de la Commune de Paris, à l'époque de la révolution en 1789 et cultivateur;

Au Citoyen CAMBON, Représantant du Peuple et l'un des membres du Comité des finances de la Convention Nationale.

Paris, 19 Pluviôse, l'an 3e. de la République Française, une et indivisible.

LES journaux m'avoient appris, citoyen, qu'après un discours, par toi fait à la Convention nationale, dans sa séance du 14 brumaire dernier, à l'occasion du projet d'un décret *fédératif* qui y etoit présenté par Robert Lindet, au nom du comité de salut-public, relativement aux subsis-

A

tances, tu avois fait décréter que « les comités « de salut-public, des finances et de commerce, « présenteroient un travail général sur le *maxi-* « *mum, et les moyens de régulariser les opé-* « *rations de la commission de commerce et* « *des approvisionnemens.* »

J'ai beaucoup travaillé citoyen, sur les subsistances; j'ai réfléchi long-temps sur cette interressante partie de l'administration publique ; je m'en occupe depuis plus de 20 ans, et j'ai sollicité dès l'année 1775, (1) la permission qui m'étoit nécessaire alors, pour pouvoir provoquer la discution de mes idées à ce sujet. Cette permission me fut refusée à plusieurs reprises, je n'ai pu l'obtenir que vers la fin de l'année 1785. Je les fis imprimer alors dans un mémoire qui a pour titre : *Projet nouveau sur la manière de faire utilement en France le commerce des grains.*

Les circonstances m'ont amené depuis à en produire quelques autres, et j'en ai fait imprimer et distribuer plusieurs, sous différens ti- tres, (2) le tout à mes frais et sans autre intérêt que de servir mes concitoyens.

Tous ces mémoires quoique, comme je viens de te le dire, sous différens titres, avoient pour but, d'obtenir le réglement dont tu as fait ordonner la confection et c'est te dire, je crois, que

---

(1) Lettre à l'auteur des observations sur le commerce des grains. Amsterdam 1775.

(2) Code fraternel par l'aut. des bases pour taxer le pain, 1787. —Au roi, Lettre présentée à sa majesté le 9 décembre 1788. —Dangers du serment fédératif relativement aux subsistances et moyens d'y parer 1790.—L'anti-économiste ou moyens de redimer les personnes et les biens du joug des impositions 1791. —Mémoire sur les subsistances 1794. ect.

j'applaudis cordialement, tant à ta motion, qu'au décrèt par lequel elle a été adoptée.

Le réglement qui en fait l'objet, est en effet, le remède qu'il convient d'appliquer à nos maux, et quand il sera bien fait, il en sera le spcifique; seul il les guérira tous, il les guérira radicalement et promptement; il nous procurera d'autres biens encore pareillement inappréciables et qu'assurément, tu n'as pas prévû : mais écoute-moi ; lis ma lettre, lis-la avec attention, lis-la toute entière, l'honneur de ta motion, la gloire de la convention, l'intérèt, le bien-étre, le salut même de tes concitoyens, t'en font la loi, et je t'en somme à tous ces titres.

Au mois d'août 1793, mon projet fut présenté à la Convention nationale par Léonard Bourdon, l'un de tes collégues et mon fils, au nom des comités d'agriculture et de salut-public, par lesquels il avoit été chargé d'en faire le rapport.

Mon projet avoit pour but, de tranquilliser le peuple sur sa subsistance, et de faire qu'il pût se procurer le pain toujours et par-tout, à prix égal et modéré.

L'un de mes moyens étoit l'établissement de magasins publics, un dans chaque ville de district.

Ces magasins entretenus et approvisionnés pour et au compte de la nation, et tenus toujours ouverts, pour acheter et pour vendre.

La vente et l'achat toujours au poids et à prix fixe.

Le prix de la vente supérieur à celui de l'achat de douze sous six deniers, seulement par quintal, pour indemniser la nation des déchets et des frais de manutention.

(4)

Il fut décrèté en principe , qu'il y auroit des magasins nationaux. L'impression du rapport fut ordonnée, et la discution ajournée à jour fixe.

Le jour méme le croyra-tu citoyen , le jour auquel cette intéressante dis- cution étoit ajournée , Barère , l'un des membres du comité de salut-public , la prévint ; il monta à la tribune, demanda et obtint la parole, proposa et fit décréter des moyens de sa façon , et qui n'étoient pas les miens ; il démonta mon mécanisme et fit atteler , pour labourer mon champs , de chevaux indomptés , fougeux , sans frein , sans mors et sans guides , à la charue que j'avois préparée pour n'être tirée que par des beufs expérimentés , dociles et sous le joug.

Ce représentant n'avoit surement pas pour objet de proroger la détresse et la cherté qui nous affligeoient déja, bien moins encore lui supposerai-je celui d'avoir voulu provoquer la gradation qu'ont pris ces maux depuis ; il m'envioit donc l'honneur d'être utile à ma patrie; quoiqu'il en soit et quelqu'ayent été ses vues, j'avois conservé le manuscrit qui contenoit mes moyens; je n'eu rien de plus pressé, au moment où les journaux m'apprirent et ta motion et le décrèt qui l'avoit adoptée, je n'eu rien de plus pressé, dis-je, que de sortir ce manuscrit de mon porte-feuille, d'y ajouter la disposition révolutionnaire dont l'excès de notre détresse actuelle me paroissoit prescrire la nécessité, et de le porter chez l'imprimeur à l'effet d'en aider les comités, trop heureux, si, en leur ménageant quelques uns de leurs momens, je pouvois leur faciliter la confection du réglement dont tu les avois fait charger.

Je fis donc encore imprimer ce receuil de mes

moyens, je pressai l'imprimeur, et dès le 19 du même mois brumaire, j'en fis passer six exemplaires à chacun des comités de la convention, notamment à ceux de salut-public, de commerce et des finances.

Je fis plus, je sollicitai des audiences des deux premiers, on me donna jour dans tous deux; je me rendis dans chacun au jour et à l'heure qui m'étoient indiqués. Mais quel fut mon étonnement, mes mémoires n'étoient pas même coupés, on ne les avoit ouverts ni lus, dans l'un ni dans l'autre: j'y proposai la lecture et la discussion; on me dit qu'on étoit surchargé d'autres occupations, et le comité de commerce notamment, pour se débarasser de mon importunité sans doute, me dit qu'il me nommeroit un rapporteur. Je fus huit jours après chez le président lui demander ce rapporteur, il me promit qu'il me le feroit nommer le soir : j'en suis encore à l'attendre.

Enfin les trois comités ont produit leur travail ; ils en ont fait faire le rapport à la convention et les journaux viennent de me transmettre les dispositions du nouveau décret, qui en est le résultat.

Je respecte ce décret assurément, et je vivrai avec soumission sous son empire tant que la subsistance ne me manquera pas ; mais je ne vois point, ni qu'il me l'assure, ni qu'il en ramène le prix à un taux qui me laisse long-temps la faculté de la payer. Je ne vois pas même. qu'il contienne aucunes précautions, pour obvier à ce que le taux auquel les manœuvres des ennemis de la tranquilité publique l'ont fait monter, ne nous soit pas encore renchéri ; et le respect que j'ai pour ce décret, et ma soumission à l'exécuter, ne calment point les inquiètudes dont je suis tourmenté à ce sujet, pour la chose publique, pour les pauvres et pour moi.

J'y vois le *maximum* supprimé, il est vrai, et c'est un bien assurément. Le *maximum* étoit une emplâtre mal choisie, il ne guérissoit pas le mal ; il l'irritoit, et dès que l'expérience avoit fait connaitre qu'il y étoit contraire, on a dû l'en retirer ; mais suffit-il au malade attaqué d'une maladie grave et qui menace ses jours, qu'on lui retire un remède qui irritoit son mal : ne doit-ou pas lui en substituer un autre, pour tenter sa guérison ? Et les comités chargés ici de présenter les moyens de régulariser les opérations des préposés à l'exercice des fonctions de l'important service des subsistances, ne devoient-ils pas au peuple souffrant, de présenter à la convention ou cet autre remède, Ou les moyens qui leur étoient demandés ? or leur rapport n'a présenté ni ce remède, ni le projet de régularisation. Ils n'ont donc pas rempli la mission que tu leur avois fait donner ; ils te doivent donc de la com- pléter, et il est à croire que tu l'exigeras d'eux, je t'y invite.

Mais les même journaux, qui m'ont donné à connaitre ta sage et très-utile motion, m'ont mis à-portée de voir les motifs dont tu l'avois préludée et dans le nombre, j'en trouve quelques-uns qui me paroissent contenir des erreurs, même présenter des dangers. Or comme, dans une partie aussi intéressante, que l'est la subsistance de 25 millions d'individus humains, dans une matière aussi délicate à toucher et aussi controversée, que le sont les grains, il convient d'écarter jusqu'à l'ombre de l'erreur, je crois nous devoir, à toi, à notre souverain, et à moi, de te faire remarquer celles dans lesquelles tu me parois être tombé et qui sans doute, ont échappé à la chaleur du moment ; j'espère que tu ne le trouveras pas mauvais.

Et dabord les journaux m'ont dit, « que tu avois » bien développé toutes les causes de la détresse, » toutes les raisons des méfiances, toutes les ma- » nœuvres de l'agiotage , et toutes les fraudes » mercantilles, (1) » ils ne sont entrés dans aucun détail à ce sujet ; ainsi je ne puis que les en croi-re ; ma confiance dans ton exactitude m'y dé-cide , je le fais.

Mais ils te font dire qu'il ne faut plus que le gouvernement fasse le commerce *exclusif* , et avant de me rendre à ta prohibition sur cet ar-ticle, j'ai une observation à te faire, la voici :

L'usage et nos loix , nous ont fait distinguer jusques à présent, deux sortes de commerce pour les grains.

L'une , le commerce intérieur et que depuis 30 ans, l'on appelle *circulation*.

L'autre le commerce extérieur , et qu'on appelle *importation* ou *exportation* suivant qu'il apporte et qu'il fait sortir.

Or ces deux espèces de commerce, il ne faut pas les confondre ; elles exigent des règles diffé-rentes.

Dans la première, la liberté est un droit indi-viduellement acquis à tous les citoyens : elle doit être conservée pleine et sans gêne, et si une loi venoit à la défendre, ou seulement à en gêner l'usage, cette loi seroit injuste ; elle se trouveroit attenter à la propriété, décourager le cultivateur,

___

(1) Journal de la montagne du 16 brumaire ; N°. 23 page 181.

et peut-être, préjudicier considérablement à la culture.

Ainsi jusque-la tu as raison; *il ne faut plus
que le gouvernement, fasse le commerce exclusif* : ajoute donc ces mots, *dans l'intérieur de
la République*, et nous serons d'accord.

Il est certain, en effet, que le gouvernement
ne doit faire, dans l'intérieur de la République,
qu'un commerce *de protection*, qu'un commerce
tellement organisé pour l'utilité publique, que jamais il ne puisse préjudicier à qui que ce soit, et
que toujours il soit une ressource assurée, également contre les inconvéniens de la surabondance,
et contre les malheurs de la détresse; contre la
surabondance, en ouvrant au cultivateur le débou-
ché de ce qu'il n'auroit pas trouvé à vendre chez lui,
ou aux marchés, et contre la détresse, en procu-
rant au consommateur, ce que le laboureur n'auroit pu lui vendre, ou qu'il auroit voulu lui vendre
trop cher.

Mais si tu entendois retirer *l'exclusif* des mains
du gouvernement, relativement au commerce
aves l'étranger, alors ta prohibition seroit la plus
impolitique et la plus dangereuse des mesures.

Daigne considérer, citoyen, que par cette me-
sure, tu te trouverois donner au gouvernement,
des concurrens qui pourroient 1º. lui faire payer
plus cher, les bleds étrangers, quand les circonstances lui prescriroient la nécessité de s'en procurer. 2º. le forcer de donner à bas prix, les
nôtres, quand l'abondance lui permettroit d'en
vendre; des concurrens, qui par ignorance, par
malice, ou par intérêt, pourroient exporter à
contre-temps, et dégarnir d'un moment à l'autre,
les contrées, même celles sur lesquelles il seroit

le plus tranquile et qu'il croiroit, les mieux approvisionnées.

Je pourrois te présenter encore beaucoup d'autres considérations également importantes à méditer; mais celle-la suffira j'espère, pour t'amener à reconnoitre et à convenir, qu'il est d'indispensable nécessité, de mettre dans les mains du gouvernement *exclusivement*, l'exercice et l'administration du commerce des grains *avec l'étranger*.

Tu dis en second lieu, « qu'on a fait une faute « en mettant dans ses mains toutes les ressour- « ces de la République. (1) »

Eh ! dans quelles mains donc, aurois-tu voulu, qu'on eut mis l'administration des grains ? Où cette administration pourroit-elle être mieux placée? qui pourroit mieux assurer l'approvisionnement, la conservation et la répartition de cette intéressante denrée? N'est-ce pas dans les mains du gouvernement, que sont celles de la justice, de la police, des finances, des monoies, du trésor national et de toutes les autres parties du service public. Or en est-ils une plus précieuse que lss grains ? et si tu trouves celles-là bien placées dans les mains du gouvernement, comment peux-tu trouver mauvais que tes collègues y ayent mis celle-cy ?

Conviens-en donc citoyen, la faute n'est pas d'avoir mis les grains dans les mains du gouvernement ; elle est uniquement, de ce qu'en formant une commission pour l'administration des subsistances, on n'a point assujeti les opérations de cette commision aux règles intelligentes et sévères qui devoient en assurer le bien-être.

___

(1) *Ibidem*.

Tu dis en troisième lieu que, « c'est cette faute
« qui est la vraie cause de tous nos maux. » (1)

Il est possible ; il est même vraisemblable, que
le défaut du réglement qui auroit dû organiser
les opérations de la commission du commerce et
des approvisionnemens, aura contribué pour beaucoup à l'inconcevable et rapide progrès qu'ont fait
chez nous, depuis quelques mois, la détresse et
la cherté des grains ; mais il est vrai de dire aussi,
que nous ressentions ces maux, longtemps avant
l'établissement de cette commission, long-temps
avant celui de la convention nationale qui l'a dé-
crètée, longtemps même avant l'époque de notre
glorieuse révolution : et si tu doute de cette vérité, fais-toi représenter cette foule d'arrêts du
conseil, de lettres patentes, de déclarations et
d'édits successivemeut donnés, sous le regne des
deux derniers tyrans pour arrèter le progrès de nos
maux en cette partie, et cette quantité innombrable
de décrèts, rendus par chacune des deux premières
législatures, pour essayer d'y porter remède.

Fais-toi représenter les différens mémoires dont
je viens de te donner les titres et dont j'ai fait hom-
mage à la nation, dans chacune des assemblées de
ses représeutans.

Fais-toi représenter notamment, celui sous le titre de *code fraternel*, et celui sous le titre, de
dangers du serment fédératif, tu verras dans
chacun de ces mémoires, que non seulment j'a-
vois parlé de l'existence de ces maux, mais même
que j'avois prévû et prédit l'accroissement qu'ils
ont prit tout nouvellement, et qu'ils prennent
encore chaque jour.

____

(1) *Ibidem.*

Tu reconnoitras conséquemment, que leur origine est fort antérieure à l'existence de la convention nationale, et tu en conclueras nécessairement qu'ils ne sont point le résultat d'aucune des opérations de nos législateurs actuels.

Enfin tu dis que « le premier qui *égara l'o-* » *pinion* et attaqua le cours naturel des choses , » fut celui qui proposa *le pain à deux sous pour* » *tous les départemens.* (1)»

Je te ferai encore ici la même observation; l'opinion relativement aux subsistances , est égarée depuis plus de 3o ans , et la convention nationale n'est établie que depuis environ 3o mois. Ce n'est donc pas celui qui a fait des propositions à la convention nationale , ni les propositions qui lui ont été faites , telles quelles ayent été , qui ont égaré l'opinion.

Non, citoyen, l'opinion a été égarée par la cupidité des grands propriétaires qui , pour augmenter le prix des baux de leurs terres , sollicitèrent et obtinrent de la faiblesse du gouvernement, les loix du 25 mai 1763, et du mois de juillet 1764. ces deux loix ont appellé le monopole en France , elles ont légalisé les fureurs de ce monstre et voilà la source de nos maux.

L'opinion fut égarée par les écrivains d'alors , connus depuis sous la dénomination d'*économis-* *tes* , qui n'ont pas rougi de prostituer leur plume , leurs talens et notre papier , à la détourner, en persuadant au peuple qu'il ne seroit heureux, que quand il payeroit constammentle pain cher.

Quant à la proposition du pain , *à deux sous* *pour tous les départemens* , elle t'offusque : je

---

(1) *Ibidem.*

n'en suis pas surpris ; c'est une idée neuve et qui peut paraître extraordinaire dans les circonstances de la détresse et de la cherté actuelles ; mais il me semble que tu voudrois ne la combattre que par les armes du ridicule, et le ridicule n'est pas de mise dans une lutte, où il s'agit de la subsistance de 25 millions d'individus, qui craignentde mourir d'inanition. Ecartons donc cette arme et parlons raison.

La proposition du pain *à deux sous pour tous les départemens*, en coutient deux, l'une la réduction des prix actuels, l'autre l'uniformité de prix. Je vais te les donner à connaître séparément.

1er. RÉDUCTION DES PRIX.

Ouvre les yeux, citoyen, et cesse de t'apitoyer sur le sort du cultivateur : son sort bien vû, est bien plus fait pour exciter l'envie que la pitié : examine donc impartialement, et comme doit le faire le législateur, la vérité et les faits.

Le cultivateur est ou propriétaire ou fermier.

Dans le premier cas, c'est un fabricant qui exploite par lui-même, la manufacture qui lui appartient.

Dans le second, c'est un fabricant qui exploite la manufacture d'un tiers, moyennant des conditions qu'ils ont faites ensemble, et dans lesquelles, la société n'a nul intérêt de pénétrer.

Dans les deux cas, la manufacture exploitée est la terre.

Or, la terre est notre mère nourrice à tous ; c'est de son sein seul que nous viennent les grains, les denrées, et toutes les autres matières premières de nos consommations.

Le cultivateur est donc, par l'effet de son exploitation, et par la nature de la manufacture

qu'il exploite, le possesseur unique de tous les ob-
jets dont la société fait sa subsistance.

La société lui doit incontestablement de proté-
ger et son exploitation et sa possession ; aussi
les lui protège-t-elle, puisque même au moment
actuel, elle entretient des tribunaux et une police
pour les lui maintenir contre les atteintes des mal-
veillans dans l'intérieur, et 11 ou 12 cent mille
hommes, sous les armes aux frontières, pour les
préserver de l'invasion des ennemis de la République.

Mais cette protection, la société ne la doit et
ne la donne que sous deux conditions; et ces deux
conditions, quoique peut-être non écrites, sont de
droit étroit.

L'une est, que le cultivateur ne sortira point
ses productions, hors du territoire de la République.

L'autre, qu'il en aidera ses frères, les autres
membres de la société en proportion de leurs besoins, jusqu'à concurrence de son superflu, et qu'il
ne se permettra, ni de les leur cacher, ni aucunes
autres manœuvres pour les leur survendre.

Ces bases posées, et j'espère que tu ne les con-
testeras pas, voyons les faits.

Il y a 30 et 40 ans, c'est à dire avant que l'o-
pinion eut été égarée, le cultivateur ne vendoit
son bled que 9, 12 et 15 deniers la livre, et même
il ne trouvoit que difficilement à se débarrasser de
son superflu à ces prix.

En 1787 et 1788, il ne le vendoit que de 15 à
18 deniers.

Plus nouvellement encore, et même depuis la
révolution, en 1790, il ne le vendoit, que de 18
à 21 deniers.

Il ne vendoit sa viande, son lait, son beurre, sa

volaïlle et ses œufs ; son chanvre , son lin, sa laine
et toutes les autres prodnctions de sa manufacture, qu'a des prix équivalens et proportionnés.

Alors et dans toutes ces époques, il étoit tenu
de payer la dîme et sujet aux droits féodaux et
à la corvée ; aujourdhui il est affranchi de tous
ces droits.

Tu observeras citoyen, qu'une livre de bled ,
donne une livre de pain, et je concluerai de ces
faits, dont tu peux d'ailleurs constater l'autenti-
cité par les anciens proces-verbaux des prix des
marchés, je concluerai dis-je, que la proposition
du pain à deux sous, n'a rien d'injuste ni de ridicule.

Peut-être le cultivateur t'observera-til , qu'il
paye ses ouvriers , sa chemise, son gilet, et ses
autres ustènsiles plus cher qu'il ne les payoit à
ces diverses époques et son observation sera vraie;
mais elle se trouvera établir elle-même, la justice et
la convenance d'une réduction sur le prix du bled.

Considère en effet citoyen, que le prix du bled,
est le termomètre , de celui de tous nos autres
besoins.

Considère que le bled est la denrée par laquelle
le renchérissement, qui s'étend à toutes les autres
aujourd'hui , a commencé.

Considère que c'est le cultivateur qui met le
prix au bled , au chanvre, à la laine ect. et que
l'ouvrier, l'artiste et le fabriquant , ne peuvent
tirer ces denrées que de sa maiu.

Or si le journalier est obligé de lui payer sa subsistance plus cher, il faut bien qu'il lui renchérisse le prix de sa journée.

Si le tisserand est obligé de lui payer son bled ,
son beure, son chanvre et son lin cher, il faut
bien qu'il lui renchérisse le prix de sa toile et de
ses chemises.

Si le manufacturier est obligé de lui payer son pain sa viande et ses laines cher , il ne peut lui vendre à bon marché, le drap dont il fait son gillet, et ainsi de tous les autres articles de ses besoins.

C'est donc par le prix du bled, que doit commencer la baisse que prescrivent impérieusement à ce moment, dans le prix de toutes les denrées, la justice, l'humanité et le salut de la patrie.

2°. L'UNIFORMITÉ DE PRIX.

Je ne suis pas sans doute le premier des hommes, qui ait considéré les habitans du midi de la France, comme les frères de ceux du nord, et les uns et les autres, ensemble ceux du levant et du couchant, comme enfans de la patrie, comme membres de la grande société, aujourdhui formé par l'admirable constitution des francais ; mais peut-être, je suis le seul qui, ayant formé le vœu de les voir tous heureux, ait eu le courage de tenter la découverte d'un moyen d'accomplir ce vœu.

Je me suis occupé sérieusement de la recherche de ce moyen ; je ne te dirai pas, je crois l'avoir trouvé : l'expérience m'a fait connaitre que si la modestie étoit une vertu sous le règne des tyrans, elle seroit une sottise sous l'empire de la liberté. Je te dis donc affirmativement et avec la franchise d'un républicain persuadé, je l'ai trouvé.

Il consiste uniquement , dans *l'uniformité du prix du pain pour tous les départemens.*

Oui, citoyen, l'uniformité du prix du pain est le germe du bonheur pour les hommes en société.

J'ai établi ailleurs qu'elle étoit de droit naturel, et que la société , en France, la doit à tous ses membres. (1)

______

(1) Mémoire sur les subsistances 1794.

Je dis aujourd'hui qu'elle est d'indispensable et de la plus pressante nécessité.

Je dis qu'elle est la seule arme, avec laquelle nous puissions, victorieusement, combattre le monopole.

Je dis qu'avec elle, l'on détruira surement ce monstre , et que le monopole détruit , les portes des magasins dans lesquels il serre et nous cache celles des productions de notre sol et de notre industrie qu'il n'a point encore dissipées s'ouvriront, et que ces productions en sortiront pour retourner à la consommation publique à laquelle il les soustrait.

Je dis donc en premier lieu, que l'uniformité du prix du pain est le remède qu'il convient d'appliquer à nos maux, que seule, elle les guérira et qu'elle les guérira radicalement et promptement.

Je dis en second lieu, qu'elle est la première pierre, sur laquelle on puisse solidement, construire le grand édifice de la régénération de la France.

Daigne donner quelque attention, citoyen , à l'examen des effets que produiroit cette uniformité, tu en verras découler insensiblement, sans même la plus légère commotion et comme de leur source naturelle, l'encouragement à la culture, ... l'aisance chez le laboureur, ... l'abondance, de toutes les pro-ductions, ... l'emploi de tous les bras, ... l'abolition de la mendicité, ... la revification du commerce, de nos manufactures, . . . le soulagement et la tranquillité des familles, ... je dirai plus, des revenus pour le trésor public, au moyen desquels, la convention nationale pourroit affranchir la terre et les citoyens du joug des impositions , épargner à la nation les frais d'une administration coûteuse, donner un nouveau lustre à la liberté, enrichir la République, et porter sa gloire à un degré, auquel jamais aucun empire n'a encore atteint.

Reste à te prouver maintenant que cette sainte et bienfaisanie uniformité du prix du pain pour tous les départemens, quoiqu'elle soit une idée neuve, n'est point une chimère.

Je crois t'avoir déjà complétement donné cette preuve, en te disant que les magasins nationaux, établis sur toute la surface du sol de la République, un dans chaque ville de district, le seroient à *prix fixe* et que ce prix seroit le même par-tout; mais pour te mettre à portée de connoître l'opération, dans ses détails, et de voir comment les magasins seroient tenus et approvisionnés, je prend le parti de te mettre sous les yeux, le receuil des moyens que j'ai à proposer pour l'exécution, je te l'envoie c'y annexé, sous le titre d'*adresse à la convention nationale*, et tel que je l'avois fait imprimer, dans la vue, comme je viens de te le dire, de faciliter aux comités de salut-public, des finances et de commerce, la confection du travail dont tu les avois fait charger.

Lis encore ce projet, citoyen, tu y trouveras j'espère, au moins ce que tu attendois du travail des comités, et de plus, que l'uniformité dans le prix du pain pour tous les départemens est non-seulement chose possible; mais même une opération sûre et facile.

Prends bien l'esprit des dispositions des articles 4, 5, 6, 7, 8, 9 et 10, et tu verras, que le cultivateur, a toute liberté, de ne faire, pendant toute l'année qui suit la récolte, que ce qu'il veut, du bled qu'elle lui à donné; mais qu'il ne peut le garder plus long-temps en nature, et qu'il est obligé de s'en défaire, ou de le convertir en farine dans le cours de l'année, pour laquelle la nature l'aura produit.

Tu verras par la première des deux dispositions de l'article 4, que les propriétaires des fromens actuellement existans, n'ont pas le même délai pour en débarasser leur granges ou leurs greniers et qu'il faut qu'ils en disposent avant le premier prérial. cette abréviation de délai ma paru dictée par la détresse et le besoin pressant qui commandent à ce moment; c'est un moyen révolutionnaire, j'en conviens; mais il est sûr dans ses effets, et infiniment plus juste et plus doux que les requisitions.

Considère qu'en supposant qu'il n'éxistât plus en France aucun des bleds des recoltes antérieures à 1794, il en existe encore de ceux de cette dernière; qu'il en reste d'autant plus qu'elle n'a point été mauvaise, que l'exportation n'en a point été permise, et qu'il n'en a encore été consommé qu'une très-petite quantité.

Considère qu'au moyen des dispositions des sept articles que je viens de te citer, tous ces bleds seront nécessairement livrés à la consommation publique, ou versés dans les magasins nationaux, avant le premier préirial prochain.

Raproche des dispositions de ces sept articles, celles des articles 44 et 46, et tu verras, par le prix auquel les preposés du gouvernement peuvent acheter, dans l'intérieur de la République, aux termes du 1er de ces deux articles, que le cultivateur et tous autres détempteurs ou propriétaires de bled, n'auront point d'intérét plus pressant que de vendre promptement ce qui, dans ce qu'ils en ont, se trouveroit excéder leurs besoins, qu'ainsi, ils s'empresserout à l'envie, de porter aux marchés.

Tu verras par le prix auquel les préposés du

gouvernement seront obligés de vendre et de fournir à chacun ses besoins, aux termes de l'article 46, que le consommateur sera bien assuré qu'après le premier prérial, il aura des bleds à discrétion et qu'il ne les payera jamais au de-là du taux fixé par cet article, qu'ainsi il seroit contre son avantage de faire des provisions.

Et du concours des propriétaires à vendre et de l'intérêt des consommateurs à ne point faire de provisions, tu concluras, j'espère, qu'incessamment le peuple recouvreroit sa tranquillité sur sa subsistance, et que bientôt il pourroit se la procurer à des prix modérés.

Peut-être, tu trouveras que les fonds d'avance à faire, que je n'ai porté, par l'article 29, qu'à 108 millions, sont bien foibles pour un aussi grand approvisionnement. Cela peut-être, je préviens l'objection et j'y reponds.

J'avois fait mes calculs dans des temps où le souverain, tranquile sur la subsistance de ses membres, n'étoit point obligé d'employer aucun moyen révolutionnaire pour la leur assurer. Les circonstances ont changé, l'état actuel des choses en requiers nécessairement un, et celui que je propose, met dans la main du gouvernement, six mois à l'avance, le superflu des fromens du laboureur; ainsi il pourroit bien nécessiter une mise de fonds plus considérable que celle que j'avois spéculée d'abord; mais 1°. ces fonds, et je suppose qu'il fallût les quadrupler, rentreroient par la consommation, du 1er prérial au 1er nivôse; 2°. ils épargneroient au consommateur plus de 12 à 15 cent millions sur le prix de son pain, et au département de la guerre, plus de 400 millions sur la dépense du pain pour les troupes.

Or, 500 millions de fonds d'avance qui procurent une économie de deux milliards et peut-être plus, dans l'espace de six mois, sont assûrement de l'argent bien placé.

Je ne te dis rien sur la partie de mon projet qui traite des impositions et des revenus, la suppression de celles-là, et l'amélioration de ceux-ci que je présente comme l'un des résultats d'une bonne administration et d'un *prix fixe pour les grains*, me paroissent si clairement établis par les dispositions de la loi que je propose à ce sujet, que je croirois abuser de tes momens si je t'en faisois le moindre commantaire.

Tu trouveras le projet de ces dispositions à la suite de celles pour les grains ; lis-le aussi, citoyen, lis celui des mémoires que j'ai fait imprimer sous le titre de *l'anti-économiste*, et tu verras que le souverain de la France peut procurer à son gouvernement tous les revenus dont il a besoin pour satisfaire aux charges de son empire, sans imposer, sans cottiser aucun de ses membres.

Fais examiner, fais discuter ce grand et très simple projet et si, comme je l'espère, il est reconnu possible, s'il est admis, je te dirai, vend tes biens nationaux, ... payе tes dettes, . . . retire tes assignats et bientôt tu verras l'or et l'argent, reparoitre..... la circulation de ces métaux rétablie.... la baisse dans le prix des denrées et tes concitoyens jouir du bonheur que nous promet notre brillante constitution.

Nota. Tous les mémoires, cités dans cette Lettre, se trouvent à l'imprimerie du Journal de la Vedette, Boulevard et Porte Martin.